AF452573

MON
PHILOSOPHE

PAR

Mlle AURÉLIE PELLEGRIN

NICE

IMPRIMERIE ANGLO-FRANÇAISE, MALVANO-MIGNON
rue Gioffredo, 58-62

—

1880

MON
PHILOSOPHE

PAR

Mlle AURÉLIE PELLEGRIN

NICE

IMPRIMERIE ANGLO-FRANÇAISE, MALVANO-MIGNON

rue Gioffredo, 58-62

1880

Nice — Typographie et Lithographie Malvano-Mignon, rue Gioffredo, 62

A MES FRERES

HENRI ET RAOUL

AURÉLIE PELLEGRIN.

MON PHILOSOPHE

—

I.

MON ERMITAGE

Las de la vie, las de la fortune et de ses exigences, las de la ville et de son brouhaha, trompé dans mes affections et dans mes projets, je résolus de me faire ermite.

Je choisis pour mon ermitage une blanche maison, sise sur un plateau, à peu de distance de la ville. Je me disais : — « Si parfois l'ennui venait m'assaillir, j'ouvrirais mes croisées, et la vue de ces maisons alignées, de ce lieu où gît la misère, où se versent tant de larmes, me fera apprécier ma solitude et me ramènera le bonheur. »

Ceci arrêté, je partis un matin, escorté d'un chariot chargé de bagages, et je me dirigeai vers mon plateau.

Lorsque nous eûmes dépassé les dernières maisons de la ville, je respirai. Tout chantait autour de moi. Les arbres poussiéreux de la route avaient pour moi un charme jusqu'alors inconnu ; il n'y avait pas jusqu'au vilain moulin, au bruit discordant et criard, qui n'eût aussi son harmonie. En un mot, j'étais libre, j'étais heureux.

Après avoir longé quelque temps une route poudreuse, nous voilà en pleine campagne : plus de murs, plus de grilles, plus de villas ni de chalets. Un chemin bordé de haies vives, des prairies émaillées de fleurs, de blancs amandiers, des pêchers bourgeonnants ; çà et là quelques ruisseaux dont les eaux transparentes et argentées roulent en paix sur un lit de mousse ; de temps à autre, un paysan, un pâtre, un troupeau, une laitière au court vêtement. Tout ce monde me salue en riant. J'admire leurs fraîches mines et leur robuste santé. Au comble du ravissement, je ferme les yeux et respire à pleins poumons l'air embaumé des montagnes.

Ce calme, cette tranquillité m'endort. Je fais des rêves charmants, et ne me réveille qu'à la voix de mon guide : « Vous y voilà, monsieur, mettez pied à terre. »

J'ouvre les yeux. Toute route a disparu ; trois sentiers seulement se présentent : le premier, le plus large, celui que la voiture vient de parcourir ; les deux autres, étroits et rocailleux, gravissant la pente que domine mon plateau.

Je mets pied à terre, je suis mon guide et prends à gauche.

La pente, d'abord douce et gazonnée, s'escarpe ; nous longeons une espèce de précipice, je m'accroche aux chênes qui plongent leurs rameaux dans l'abîme. Je me tiens après les cailloux de l'espèce d'échelle que présente notre chemin pour ne pas tomber dans l'espace. Mon guide se retourne et sourit. Moi, qui dépasse les plus forts à l'escrime et à l'équitation, je rougis aujourd'hui de mon pied parisien, et je m'incline devant l'habileté d'un rustre.

Enfin, le sentier s'élargit, et je commence à pouvoir m'occuper de ce qui m'entoure. A droite, je vois la mer à la blanche ceinture; un coin de la ville se détache, et les bouffées marines arrivent jusqu'à moi; à gauche, une maison entourée de cyprès. — « C'est là, dit mon guide, que demeurait jadis un original, un fou. Il fit entourer d'ifs sa propriété, et c'est sous leur ombrage qu'il se plaisait à rêver. »

Qui sait, pensai-je, si cet homme n'avait pas de bonnes raisons pour quitter le monde et s'environner ainsi du symbole de la mort,

fin de tous nos maux et de toutes nos an-
goisses? Mais détournant mon esprit de ces
sombres méditations qui trouvaient écho
dans mon âme, je cherchai des yeux mon
guide. Il venait d'atteindre le point culmi-
nant. — « Nous y sommes, me dit-il. » —
Encore quelques pas, je fus près de lui.

Nous venions, en effet, d'atteindre le plateau : une vaste campagne s'étendait devant nous ; trois maisons, ou plutôt trois habitations rustiques, dominaient, surmontées
de leurs toits en briques rouges et de leurs
cheminées fumantes.

La première, haute de deux étages, entourée d'un petit jardin potager, clos d'une
barrière, me fut désignée comme la demeure
des propriétaires. Elle était blanche, proprette, abritée par une treille encore dégar-
nie. Les habitants n'y venaient qu'en juillet,
et nous étions au commencement d'avril.
Je rendis grâce à Dieu de ce dernier détail ;

j'allais être entièrement seul, et pouvoir savourer sans spectateurs les joies de la retraite.

Les propriétaires étaient, en effet, deux bonnes vieilles demoiselles, souvent malades, sortant peu : cela seul avait fixé mon choix.

Tout en devisant, nous parcourions de vastes champs, bien cultivés, dont la terre, fraîchement remuée, indiquait des bras vigoureux. Deux beaux fermiers, à la taille herculéenne, aux larges épaules, me saluèrent en jetant sur moi un regard inquisiteur, qui me parut tout à mon avantage.

En effet, j'étais beau, j'étais grand ; mes boucles châtain entouraient gracieusement ma tête, et sauf mes grands yeux bleus, un peu trop pensifs, mon front large, mais trop rêveur, j'étais l'homme à la mode, le fiancé rêvé par bien de doux yeux, l'homme lorgné par bien des mères. A leurs regards satisfaits, je répondis par un sourire, et pensai que belle tête sert quelquefois de passe-port, même parmi nos naïfs montagnards. Nous longions, en ce moment, une allée de pelouse que les dernières pluies avaient lustrée et parsemée de pâquerettes et de boutons d'or. A droite, à gauche, des figuiers aux premières feuilles velues ; des ceps de vigne, encore stériles, divisaient les longues bandes plantées de fèves aux blancs pétales. En face de nous, au-dessus d'un talus que nous gravîmes par un passage bordé de noisetiers, j'aperçus mon habitation.

Une treille y conduisait. Près de la petite barrière, donnant accès au parterre, ou plutôt à l'étroite bande cultivée qui garnissait la façade de la demeure, j'aperçus le fermier, sa femme et une foule d'enfants de tout âge, depuis le bébé bégayant à peine, jusqu'au grand garçon rougissant, dont l'air timide et innocent me surprit.

Un chien vint se frotter à moi, je me baissai pour le caresser; il me rappela Médor. Je demandai son nom. Dans les quelques mots qui me furent répondus, je déchiffrai Moro. Je sus, plus tard, que ces braves gens, croyant leur chien importun, l'avaient envoyé se coucher par ce mot que j'avais pris pour son nom. Moro cependant lui resta.

Après avoir touché la main à ces braves gens, je franchis le seuil de ma demeure. Du vestibule, simplement meublé d'un vaste canapé campagnard, je passai dans la salle à manger. Les murs de cette pièce, revêtus de peintures à la fresque, me plurent; la citerne, près de la grosse table en noyer, me parut une commodité charmante; j'en goûtai l'eau, elle était fraîche et légère. Mon guide alors ouvrit une petite porte que je n'avais pas encore aperçue : — « C'est la chapelle, prenez garde, il y a une marche. »

Je descends. Les premiers rayons du soleil pénètrent à travers les vitraux, et projettent leur illumination sur un tableau de la Vierge tenant un enfant dans ses bras. Je ne suis pas dévot ; mais la vue de ce regard plein de tendresse, de ce sourire maternel et bon, émeut mon âme. Je me prosterne :

— « O mère ! disais-je, prenez-moi sous votre protection ; faites que cette maison soit pour moi un lieu de refuge. »

Je me relève, je regarde. Un sourire d'assentiment semble se peindre sur le visage de la madone. Je sors réconforté et content.

Nous pénétrons alors dans la cuisine. Baptiste, mon bon vieux serviteur, est là : — « Oh ! monsieur, » — me dit-il, et son honnête figure me prouve le contentement de son cœur. Il me presse pour que je déjeune ; je refuse, j'ai hâte de visiter mes appartements. Je gravis quelques marches, j'ouvre une porte : c'est l'étage du fermier. Quelle touchante confiance ! Je puis aller chez lui, il ne peut aller chez moi !

Au second, un vestibule, la chambre de Baptiste ; une terrasse sur le derrière ; un vaste salon, ma chambre, mon cabinet de travail sur le devant.

Mon inspection est rapide, Baptiste m'attend, je descends. Un bon repas, ayant quelque chose de champêtre, m'est servi. Je déjeune ; mais troublé par tout ce que j'ai vu, faible encore, je monte me reposer.

II

UN RETOUR SUR MON PASSÉ

Lorsque je me réveillai, il était six heures du soir; les derniers rayons du soleil doraient la cime des montagnes et jetaient leurs dernières flammes sur cette partie de la ville située à l'occident.

Pourquoi avais-je choisi cette croisée de mon salon qui regarde la cité? N'était-ce pas plus naturel et plus sage de fuir même la vue de ce lieu où j'avais tant souffert? Non, je voulais me retremper, pour ainsi dire, à la source de mes larmes, et voir, comme dans un mirage, l'histoire de mes infortunes. C'était bien là, c'est-à-dire dans une ville, que je m'étais abreuvé, jusqu'à l'ivresse, de gloire, d'amour et de jouissances. N'était-ce pas là que j'avais vu s'évanouir la première sous le souffle empoisonné de l'envie ; que j'avais connu les causes intéressées de la seconde, le néant, le dégoût et le vide qu'entrainent les jouissances ? Ce n'était pas là que j'avais goûté le bonheur : c'était là que j'avais été torturé par les plus vives et les plus cruelles passions. C'était là que j'avais oublié que j'étais homme, là que le rouge avait coloré mon front, que mon sang avait brûlé mes veines ; là que j'avais perdu des êtres chéris ; là, enfin, que j'avais été le plus malheureux des hommes.

Campagnes chéries, au contraire, c'est vous que je retrouve dans mes jours de bonheur sans amertume. C'est dans un jardin, c'est près des collines que s'est passée ma riante enfance. Jamais enfant ne fut plus heureux, jamais fils plus choyé, plus admiré.

La nature m'avait doué de ses qualités les plus gracieuses, de ses aptitudes les plus élevées : tout jeune encore, le malheur d'autrui faisait couler mes larmes; toute action héroïque faisait battre mon cœur. Assis sur les genoux d'une mère adorée, je recevais par sa bouche l'enseignement du devoir; sa voix si douce savait me convaincre, son regard me commander. Jamais paroles de reproche ne sortirent de ses lèvres; son air triste, sa parole plus grave, étaient mes seules punitions.

Plus tard encore son image chérie s'est interposée entre le déshonneur et moi. C'est elle qui a arrêté mon bras dans une salle de jeu ; elle qui a démasqué des traits perfides et infidèles; elle encore qui m'a conduit ici; elle, enfin, que je revois lorsque quelque

danger me menace. O mère! combien forte
est votre influence! Combien puissant est
votre amour!

Mon père s'offrit alors à moi : grand,
noble, l'air sévère, le geste impérieux. On
voyait qu'il avait passé une partie de sa vie
à commander les hommes. En effet, jusqu'à
quarante ans, il s'était distingué dans l'é-
tat-major. C'est alors que, parvenu au grade
de général, il abandonna l'armée, à cause
d'une blessure reçue dans une de nos plus
glorieuses campagnes.

Jusqu'à douze ans, je n'eus pas d'autre
maître : sciences, littérature, beaux-arts, il
connaissait tout ; aussi, lorsque je rentrai
au Lycée, je fus le premier de ma classe, le
mieux noté des élèves. Mes années de col-
lége s'écoulèrent sans un nuage. J'avais des
amis, des succès ; rien ne me manquait. Je
venais passer mes vacances près de ma
mère, où, pour ainsi dire, je venais me ré-

générer ; car je sortais toujours, d'auprès
d'elle, meilleur et plus travailleur. O douce
époque ! que ne puis-je remonter à vous !

Cependant la nuit est venue, Baptiste
doit s'inquiéter de mon sommeil. Je descends vers lui.

Pendant tout le repas, il donne cours à sa
loquacité. Les fermiers des trois fermes
sont parents, et cultivent, depuis de très-
longues années, cette terre où ils se succè-
dent de père en fils. Les deux paysans que
j'ai rencontrés sont frères ; ils sont vieux
garçons, et gardent avec eux leur mère,
pauvre octogénaire, qu'ils entourent de soins
et de prévenances. Ils sont travailleurs et
pieux ; leur habitation est à quelque distance de la nôtre, le terrain qu'ils cultivent
est le mieux tenu des environs. Leur sœur
est la fermière qui demeure chez nous. C'est
une brave femme, tout entière à son mari
et à sa nombreuse famille. Ses enfants, au

nombre de sept, sont doux et point grossiers. L'aîné est militaire et vient quelquefois voir sa mère. C'est pour la bonne femme
le jour le plus heureux de la semaine. Le
second, ce grand garçon timide que j'ai
remarqué à mon arrivée, est honnête et
rangé comme une jeune fille ; les autres,
deux grandes filles de seize à dix-sept ans,
une petite de huit, un petit de sept, un autre
de deux.

Mon pauvre Baptiste ne me fit pas grâce
d'un détail. Je dormais à moitié en l'écou-
tant et pensais à toute autre chose. Enfin,
lorsqu'il eut achevé l'énumération de toute
cette famille, qu'il paraît avoir tant à cœur.

« — Et sur les propriétaires, lui dis-je,
ne savez-vous rien ? »

« — Oh ! si, Monsieur, on les dit charita-
bles pour les pauvres ; ce sont de vraies
mères pour leurs fermiers, qu'elles ont
préservé de la corruption qui envahit au-

jourd'hui jusqu'aux campagnes. Elles sont
sévères et ne permettent pas qu'on manque
l'office, ou qu'on travaille le dimanche ; si
bien, que la foi primitive qui règne sur ces
cœurs innocents, a conservé, parmi eux,
l'amour de la famille, le respect du père,
la vénération pour la mère.On ne les entend
jamais se disputer entre eux ; ils se cèdent
mutuellement par rang d'âge, et l'accord le
plus parfait les unit.

« Elles ont adopté,il y a quelques années,
une nièce, charmante enfant d'une douzaine
d'années, qui paye par ses gentillesses et sa
docilité les bontés qu'on a pour elle. Ces
demoiselles viendront en été ; j'en suis bien
aise, car,quoi que vous en disiez, Monsieur,
l'isolement est une triste chose.Si vous n'étiez
venu ce matin, je crois que ce que vous,
gens du monde, appelez le spleen, m'eût
saisi. Mais le moyen d'avoir le spleen,main-
tenant qu'il me faut ranger vos bagages et

songer à vous soigner? Le spleen, bast! c'est
la maladie des gens qui n'ont rien à faire.
Deux mille francs de rente, et j'aurais le
spleen, à moins d'avoir, comme Monsieur,
de l'esprit jusqu'au bout des ongles et des
mélodies célestes dans ma tête. Quand
donc me jouerez-vous encore le chant de
ma Normandie ? »

« — Ce soir, mon ami, lui dis-je, » —
puis je courus à mon piano, et je me lançai
dans des improvisations.

III

L'EMPLOI DE MON TEMPS

Depuis deux mois, je ne me reconnais plus ; je vis dans une atmosphère de calme qui semble avoir changé le cours de mes idées. Je sens comme si j'avais quinze ans. Le vent qui agite les feuilles, l'oiseau qui traverse les airs, le bruit lointain de la pioche du laboureur, tout m'occupe, tout me ravit, tout me paraît sublime de simplicité et d'harmonie.

Je passe des heures à rêver, ou plutôt à ne pas penser, à oublier que j'existe. Dès l'aurore je pars, accompagné de Moro, dont j'ai fait mon compagnon inséparable. Nous battons la campagne, sans but, sans itinéraire. Quand un site me plait, je m'assieds et contemple. Moro se couche à mes pieds ou, sentant quelque chose qui bruit dans le feuillage, il part et revient bientôt haletant, la queue frétillante, le regard satisfait : c'est une souris, une sauterelle, que sais-je? quoi donc a pu le rendre heureux ?

Nous revenons contents tous deux de notre promenade. Rentrés chez nous, Baptiste nous attend. Chacun reçoit sa nourriture assaisonnée de quelques bonnes paroles, de quelques saillies piquantes, dont la verve inépuisable de mon bon serviteur sait nous réjouir.

Au gros de la chaleur, je reste chez moi. J'écris mes mémoires, je range, je coordonne les observations scientifiques que j'ai pu débrouiller de mes contemplations poétiques ; car tout se confond dans ma tête:

poésie et science. Je déduis l'une de l'autre :
je trouve celle-ci trop vague, trop idéale ; je
trouve celle-là trop abstraite, trop positive ;
je les unis.

L'aile du papillon, le pétale de la fleur,
sont pour moi des études où, sous l'usage
pratique, je trouve la déduction morale.
L'intelligence sans l'esprit, l'esprit sans le
raisonnement me paraissent à la fois en-
nuyeux et insipides. En un mot, je suis
amateur de l'ensemble et de l'harmonie.

Après mes heures d'étude, j'ai aussi mes
récréations. Les enfants du fermier me sont
pour cela d'un grand secours : j'instruis le
cadet, je fais sauter sur mes genoux le plus
jeune. Je suis parfois effrayé des sentiments
paternels qui tressaillent dans mon âme, des
désirs que ma raison voudrait étouffer. Je
laisse alors cet enfant, que j'accablais tout
à l'heure de caresses ; il pleure, je reviens,
je l'embrasse, mais froidement. J'ai peur ;

mes principes, mon expérience, tout me défend ce bonheur rêvé.

Le soir, après le coucher du soleil, je viens parfois m'asseoir sur le banc rustique où se fait la veillée des fermiers. J'écoute leurs récits simples, mais pleins de sel et de finesse; j'admire quelle force prête à leurs discours la langue sonore du Midi, comme elle reproduit bien les pensées de ces âmes ardentes, le coloris et le brillant de leurs vertes campagnes, le brûlant de leur soleil.

Je leur dis alors combien ils sont heureux; je tâche de leur faire apprécier leur bonheur. J'expose à leurs yeux le tableau de la vie de l'ouvrier. Je les instruis sur les propriétés de leur sol, sur les moyens de le faire produire, sur les instruments à employer.

Je leur dépeins les vastes plaines de la Suisse, l'abondance de ces pays; je les engage à élever du bétail, ils m'opposent leurs raisons. Je les réfute, et notre soirée s'écoule. Je serre la main au père, je souhaite bonne nuit aux femmes, j'embrasse les enfants ; encore quelques notes à mon piano, et je m'endors.

IV

MA PROPRIÉTAIRE

C'est hier, à huit heures, que sont arrivées mes propriétaires. Après leur avoir laissé le temps de se remettre et d'installer leurs affaires, j'ai été leur rendre visite.

Ce n'est pas sans un mouvement d'impatience et d'humeur que j'ai endossé mon habit noir, noué ma cravate avec soin et passé mes gants.

Baptiste, qui me regardait m'habiller, souriait avec malice et se frottait les mains de contentement.

— Ah ! ah ! disait-il, il me semble encore

être dans notre bon Paris, ouvrant la porte
de notre grand salon en déclinant : « Le
vicomte de... »

Et un grand soupir accompagna sa tirade.

— Tu regrettes donc bien Paris, lui dis-je,
tu ne comptes pour rien la liberté dont nous
jouissons, la verdure, les fleurs qui t'envi-
ronnent ?

— Bast, j'aime bien mieux voir la verdure
des Tuileries et les fleurs dans nos grands
vases de Chine. Qu'ils étaient beaux ! Quel
soin j'apportais en les époussetant ! Et dire
que Monsieur a tout quitté pour venir s'en-
fermer à mille kilomètres de la capitale,
dans un taudis, entouré de gens grossiers,
qui parlent le français comme les vaches de
mon pays ; et dire que tout cela plaît à
Monsieur ! C'est à désespérer de jamais
revoir la France !...

— Mais tu y es, mon ami, répondis-je en
riant ; ne dis donc pas de mal des gens qui

te regardent comme un gentilhomme et qui se mettraient en quatre pour te faire plaisir.

— C'est vrai, c'est vrai ; mais c'est égal.

Je venais de boutonner le dernier bouton de mon gant, de jeter le dernier coup d'œil dans ma glace. Satisfait de mon inspection, je me mis en route ; le cœur me battait.

Suis-je sot, disais-je, une visite à la cour me produirait moins d'effet. Deux vieilles demoiselles, une enfant, qu'y a-t-il donc tant à s'effrayer? Je plaisais à mes vieilles tantes, deux douairières bretonnes, ou plutôt elles raffolaient de moi. Comment ne saurais-je pas convenir à deux simples mortelles? Taisez-vous donc, mon cœur, ne me faites pas rougir.

J'arrivai au seuil de leur demeure, je frappai : une bonne, ou plutôt une paysanne dressée au service, vint m'ouvrir. Elle m'inspecta des pieds à la tête, et sur mûre réflexion, me fit entrer. La pièce dans laquelle je pénétrai était blanchie à la chaux. Un canapé, recouvert de toile perse, un fauteuil assorti, une large table à coulisses, un métier à broder, quelques tableaux, de saintes images, de pieuses statues : tel était l'ameublement.

Je m'assis sur une chaise et attendis. Bientôt je vis entrer une petite personne, maigre, chétive, au teint pâle, aux yeux vifs, à l'air sympathique et bon. Je ne pouvais deviner son âge, je prévoyais que la maladie avait dû lui faire devancer celui de la vieillesse.

Elle me tendit la main avec simplicité, je dirai même avec grâce ; elle prit place dans le fauteuil, je gardai mon siége.

Pendant toute notre banale conversation, elle m'examina avec attention, je dirai même avec suspicion.

Je tâchai dans mes paroles de ne pas effaroucher les pieux principes, les saints scrupules que je crus lire en elle. Elle parut satisfaite de son examen et me demanda si rien dans ma demeure ne m'avait déplu, quels étaient les objets qui me manquaient, et autres choses de ce genre.

« — Je suis parfaitement content, lui dis-je, j'ai trouvé ici ce qu'il me faut : la liberté et le calme. »

Je lui parlai alors de mon dégoût pour le monde, de mon amour pour la retraite, de mes occupations, de mes goûts, que sais-je ! Je m'ouvris à elle, et sans lui confier entièrement mes peines, je lui parlai comme à une amie, comme à une mère. Je sus être éloquent ; son regard attendri, ma main qu'elle retint amicalement dans la sienne, tout me le dit.

Je fus heureux. La vue de ma jeunesse l'avait d'abord effrayée, et, comme je le sus plus tard, notre causerie me valut de rester dans mon ermitage.

La seconde des demoiselles et l'enfant étaient absentes, je ne le regrettai pas; leur présence eût peut-être modéré mon élan et empêché la conquête de cette nouvelle amie.

V

RENCONTRE MATINALE

Je me promenais aujourd'hui dans le sentier que les paysans appellent, à juste titre, la promenade du port. C'est, en effet, une petite route taillée dans le roc de notre plateau, et suspendue au-dessus des vallons qui font de mon ermitage une véritable île de verdure, entourée d'air de tous côtés et ayant vue au midi sur la ville, située dans une large vallée, vallée qui va en se rétrécissant jusqu'au quartier que j'habite, et monte alors en pente douce jusqu'à nous.

Au nord et à l'est, de belles collines, bien

étagées, parsemées de blancs clochers, de gentilles habitations, de chalets, de maisons rustiques ; le tout s'élançant d'un fouillis de verdure, de touffes d'oliviers aux reflets argentés, aux contours arrondis et moelleux, semblables aux nuages pommelés d'un jour d'automne.

C'est dans cette promenade, étroite bande, souvent à peine assez large pour que deux personnes puissent passer de front, que je me plais le plus à rêver. Des bancs de pierre posés çà et là me servent d'étapes, mais je leur préfère, bien souvent encore, un chêne qui semble surgir au-dessus de l'abime et dont le tronc, se recourbant à sa naissance, offre un siége commode, où vous êtes, pour ainsi dire, lancé dans l'espace, ce qui donne matière à discourir sur la fragilité de la vie humaine.

Ce matin, je suivais donc mon sentier favori, mon livre sous le bras, mon bon chien aux côtés. Tout à coup, Moro me quitta, je le suivais. Au détour, j'aperçus Moro, et près de lui une petite fille que je n'avais point encore vue dans ces parages. A sa simple robe d'indienne lilas, à son chapeau orné de lierre naturel, je l'eusse prise pour une paysanne ; mais ses longs cheveux soigneusement nattés, sa petite main blanche, son teint pâle et sa physionomie distinguée m'indiquèrent une demoiselle. Ce ne pouvait être que la nièce de mes propriétaires. Je m'approchai d'elle. Au bruit de mes pas, elle leva la tête, rougit, et eût pris la fuite si elle eût osé. Je la saluai et lui demandai des nouvelles de ses tantes. Elle me répondit tout bas, et dès qu'elle eut satisfait à mes demandes, elle s'enfuit.

Je souris et regardai courir cette petite sauvage qui était venue jeter une diversion dans ma promenade.

Rentré chez moi, je racontai ma découverte à Baptiste : « — Je l'ai vue, me dit-il; elle est venue ce matin, puiser de l'eau à notre citerne, accompagnée de sa bonne ; c'est une gentille enfant, un peu timide, il est vrai, mais fort bien élevée, si j'en juge à sa manière de parler aux domestiques. Elle s'appelle Emma. Elle doit revenir, car ayant beaucoup admiré mes pots de pensées, elle en a accepté une plante qu'elle ne pouvait emporter dans le moment. »

Je dînai, tout en songeant à cette petite fille aux regards si doux et si craintifs : elle me faisait l'effet d'une biche effrayée.

J'achevais à peine de dîner, lorsque j'aperçus, à travers les persiennes, ma petite apparition du matin.

— Bonjour, Monsieur Baptiste, disait-elle; tantine m'a permis de venir chercher la plante de pensées que vous m'avez donnée. Je suis bien contente. Quel joli effet elle va faire au milieu de mon petit jardin !

Et se baissant, sa petite main aida la
bêche de Baptiste à déterrer le pied de
pensées.

— Merci, dit-elle, quand elle l'eut; Monsieur Baptiste, je vous montrerai mon jardin,
et vous m'aiderez à le ranger. Comme vous
savez soigner les fleurs et dessiner les cor-
beilles! L'an passé, ce parterre était si laid!
Tantine sera bien contente, elle aime tant
cette maison !

— Et pourquoi? dit Baptiste, plus cu-
rieux qu'il ne convient de l'être avec les enfants qui ne savent pas distinguer ce qu'ils
devraient s'abstenir de dire.

— Pourquoi? répondit-elle en baissant la
voix et en reportant les yeux sur sa robe
d'indienne sombre; c'est que là sont morts
mon petit père et ma petite mère.

Et comme si l'enfant comprenait toute la
perte qu'elle avait faite, elle devint silencieuse ; et après avoir de nouveau remercié

Baptiste, elle partit. Mon bon domestique revint tout penaud.

— Suis-je maladroit, dit-il, je viens de faire de la peine à cette enfant. Qui allait s'imaginer qu'elle fût si sensible et qu'à son âge, le souvenir d'un père et d'une mère qu'elle n'a pas connus l'affligerait au point de la rendre muette comme une carpe ? Il faut avouer qu'elle a du cœur. Ce n'est pas comme la grosse Charlotte, qui m'a vu partir sans verser une larme. Et moi qui voulais l'épouser !... Ah ben ! oui... Eût-elle tempêté dans votre ermitage, elle qui aime les fanfreluches et la société. Elle est tout de même jolie, ma Charlotte, n'est-ce pas, Monsieur Démétrius ? »

Emporté par le souvenir de sa fiancée, Baptiste en eût parlé tout le soir, si je n'avais clos notre causerie en me retirant chez moi.

Je pris mon crayon et mon pinceau, et,

sans le vouloir, le visage mélancolique de
ma petite sauvage vint sous mes doigts; je
la peignais telle que je l'avais vue le matin,
mon bon chien près d'elle, sa batelière, ses
longues nattes, ses yeux pensifs et doux, et
sa bouche rêveuse.

VI

MIMI

J'ai fait aujourd'hui ample connaissance avec ma petite sauvage, et j'ai découvert en elle des dispositions à la peinture, bien extraordinaires pour une enfant de son âge.

J'étais en train de prendre un point de vue : c'est un chalet suisse entouré d'un bois de châtaigniers, dont les éclaircies sont d'un très-bel effet sur toile.

Tout entier à ce travail, je n'entendis pas venir derrière moi mes propriétaires, suivies de leur nièce. Enhardie par la présence de ses tantes, l'enfant s'approcha de moi, examina, puis me regardant timidement :

— N'est-ce pas la maison en face, me dit-elle ? Que c'est beau ! comme on distingue bien les rayons du soleil entre les branches des arbres ! Est-ce bien difficile ?

— C'est suivant, répondis-je ; telle personne mettra des années à apprendre à faire ce que vous admirez et ne pourra jamais l'animer, d'autres y parviendront dans quelques leçons. Vous, je crois, Mademoiselle, vous y réussiriez parfaitement.

— Oh ! non, dit-elle, en se serrant contre sa marraine, je ne saurai jamais rien faire d'aussi beau.

— Voulez-vous essayer, lui dis-je, et recevoir ce petit paysage ?

Elle sourit de bonheur, regarda ses tantes, et, sur un signe d'assentiment, elle prit mon dessin et balbutia un merci.

Mlle Emma, la marraine de l'enfant qu'on appelle Mimi, me demanda si réelle-

ment je croyais que sa nièce eût des dispositions pour la peinture : — Je suis dans l'in-
tention, dit-elle, de lui faire apprendre un
art d'agrément, mais je voulais d'abord
être sûre de ses aptitudes. Je la vois bien
quelquefois barbouiller, mais je n'ai mis à
cela aucune importance.

— Voudrais-tu apprendre le dessin, Mimi ?

— Oh! oui, tantine, dit-elle avec un regard de bonheur.

— Eh bien ! si Mesdemoiselles vos tantes le permettent, je serai votre premier
professeur.

On a accepté, et ce matin je suis parti
avec ma petite élève, dessiner le magnifique
cerisier qui est à l'extrémité de la propriété.
Ce cerisier est de l'âge de l'enfant, et c'est
l'objet qu'elle a choisi comme but de sa première étude.

Tout en cheminant, ma petite sauvage
s'aguerrissait ; nous devînmes les meilleurs

amis du monde ; je l'appelai Mimi, elle me nommait M. Démétrius.

Notre cerisier dessiné, elle me montra sa copie, que, par une fantaisie enfantine, elle m'avait défendu de regarder avant qu'elle fût achevée. Je fus saisi de la justesse de son coup d'œil, de la fermeté de son coup de crayon, de la délicatesse et du gracieux de ses contours.

— Vous avez déjà dessiné, lui dis-je.

— Non, fit-elle en secouant mutinement sa jolie tête, jamais, sauf quelques caricatures de mon maître.

— Vous allez en faire sur moi ?

— Non, non, répondit-elle, vous ne grondez jamais, Baptiste me l'a dit.

Et prenant gentiment ma main, nous nous mîmes en route.

La gentillesse et la naïveté de cette enfant me font du bien ; je rajeunis auprès d'elle. On dirait que je perds la défiance, la circonspection avec laquelle, depuis quelque temps, j'envisage les hommes et les choses ; sa confiance est communicative et invite au bonheur.

Arrivés chez Mlles B..., nous avons montré notre essai. On a été ravi, et il a été décidé que trois fois par semaine Mimi me serait confiée. Ma chère petite élève a sauté de joie, et m'a secoué gaiement la main lorsque je suis sorti. On dirait que je suis content ; je me rapatrie avec la société, un enfant lui sert de trait d'union.

VII

MON SERVITEUR

Depuis quelques jours, Baptiste a un air mystérieux et embarrassé toutes les fois que je l'examine ; intrigué, je l'ai interrogé ce matin sur les motifs de ses préoccupations.

— Monsieur, m'a-t-il dit, en tournant ses pouces, c'est que... c'est que, je n'ose le dire à Monsieur. Que penserait-il de moi, lui qui a quitté le monde, qui a refusé les plus belles, qui abhorre les ...!

— Mais où veux-tu donc en venir ? Pourquoi hésites-tu ? J'abhorre quoi ?

— Ah! Monsieur, c'est que, voyez-vous, c'est bien triste d'être seul. Quand Monsieur se promène, je me fais l'effet d'un hibou perdu dans cette grande maison. Si j'avais seulement quelqu'un pour me tenir compagnie, pour me dire quelques paroles d'amitié, ou pour me gronder un peu! car il est bon de se sentir gronder par ceux qu'on aime. Eh bien! si j'avais ce quelqu'un, je serais heureux.

— Ah! tu as besoin d'un aide? Veux-tu que je prenne un second serviteur? Bien qu'il me coûte de voir entrer ici une personne étrangère, pour toi, pour ton bonheur, je le ferai.

— Monsieur est bien bon; mais si Monsieur savait quel est cet aide que je lui demande, il reculerait. Cet aide, ce second serviteur, comme il vous plaît de l'appeler, ce n'est pas un homme.

A ce mot, je partis d'un grand éclat de

rire qui fit trembler Baptiste de la tête aux pieds.

— Monsieur ! exclama-t-il.

— Mon ami, répondis-je, quelle est la femme ou l'ange, comme on se plaît quelquefois à l'appeler, qui a fixé ton choix ? La grosse Charlotte consentirait-elle à partager ta solitude ?

— Oh ! non, Monsieur, il y a longtemps que je ne pense plus à cette grande coquette. Les idées de Monsieur ont peut-être influencé mon choix : la Suzette du fermier est si gentille, si douce, si polie, que c'est elle que j'ai choisie. Quelle bonne ménagère ! Et puis comme c'est simple, comme c'est bon ! Jamais femme ne saura me rendre plus heureux.

— J'approuve ton choix, Baptiste, et si le fermier le permet, c'est moi qui doterai la mariée et ferai les frais de la noce.

— Monsieur est trop bon, exclama Baptiste. Mais Monsieur, vous détestez les femmes ; il me faudra donc quitter Monsieur ?

— Non, mon ami, je ne me séparerai jamais d'un aussi fidèle serviteur que toi.

Les habitants de la ferme sont en grande joie : Baptiste est aimé et respecté de tous les paysans ; la famille se trouve très-honorée de l'admettre parmi les siens ; la fiancée rougit de bonheur et ses yeux savent me dire tout ce que son cœur éprouve de reconnaissance pour ce que je veux faire en sa faveur.

Tout s'apprête ; les maçons blanchissent et mettent à neuf la chambre de Baptiste, augmentée d'un spacieux sous-sol, pour y remiser leurs affaires.

Suzette est allée en ville avec son futur faire les emplettes ; moi, je me suis rendu chez les propriétaires pour l'invitation au nom de la mariée, qui ne l'eût jamais osé.

Mimi est venue à ma rencontre ; elle a sauté de joie à son titre d'amie de la mariée, et m'a demandé si je ne serai pas l'ami de noce de Baptiste. Ce mot d'ami de Baptiste m'a choqué ; malgré mes principes, serais-je encore moins sage que cette enfant ?

J'ai souri et accepté ce titre. C'est entendu, Mimi sera ma compagne, ses tantes ne pouvant aller jusqu'à l'église.

VIII

LA NOCE

C'est hier qu'a eu lieu la noce : dès six heures du matin, nous étions sur pied. J'ai dû, en faveur de la circonstance, me passer de mon valet, qui, le pauvre, avait déjà assez à faire pour astiquer et ranger sa personne.

Il s'agissait de se dépêcher : la ville est loin et nos deux époux, surtout Suzette, tenaient à entendre la messe à l'église de leur paroisse.

A sept heures, nous nous mîmes en route.

Je donnai le bras à la mariée, gracieuse

au possible dans son costume national de
paysanne. Ses cheveux étaient noués en
torsades, et cachés presque entièrement
sous un large velours noir qui retombait
par derrière,et dont les bouts étaient ornés,
pour la circonstance, d'une magnifique gui-
pure.

Sa robe de soie, gorge de pigeon, était
rehaussée par le tablier bleu et le fichu de
mousseline de rigueur. La croix traditionnelle pendait à son cou, supportée par une
chaîne à plusieurs rangs ; de longues boucles d'oreilles encadraient le bas de son
visage comme eussent pu le faire deux ba-
guettes d'or mobiles.

De la grandeur et de l'épaisseur de ces
bijoux dépend l'opinion qu'on a de l'état de
fortune du marié ; ceux de Suzette, par con-
séquent, ne laissaient de ce côté rien à
désirer.

Les autres femmes portaient également

leurs velours ; les récentes épouses avaient leurs costumes de noce, et les plus jeunes, une mise à la fois paysanne et bourgeoise qui me déplaisait tout à fait.

Les enfants étaient revêtus de longues robes à plusieurs bastes, comme on appelle dans ce pays de larges plis, présentant deux avantages : de servir d'ornement, et d'éviter la peine de défaire la robe lorsqu'elle devient trop courte.

Enfin, nous autres hommes, nous portions, comme tous les hommes, un pantalon plus ou moins frais, plus ou moins à la mode, fait avec du drap plus ou moins fin.

En passant près de la demeure de nos propriétaires, ma petite amie vint à nous, vêtue d'une robe blanche que retenait une large ceinture bleu de ciel ; ses épais cheveux blonds étaient flottants, et sur sa tête était posé un élégant chapeau de tilleul, garni de myosotis des champs. Elle était charmante dans sa mise, aussi gracieuse que dans sa simple robe d'indienne.

Nous traversâmes le plateau. Au bas de la pente qui le délimite, cinq landaus nous attendaient. Les paysannes s'y précipitèrent. Je montai dans le premier avec la mariée, sa mère et ma jeune amie. Baptiste fit les honneurs du second, et nous nous mîmes en route.

La fiancée était silencieuse, la mère vivement émue, Mimi plus sérieuse que de coutume ; je me mis donc à penser, ne voulant déranger personne dans un moment aussi solennel. L'étrangeté de ma situation m'y portait du reste. C'était la première fois que j'assistais à une noce villageoise, et je comparais, malgré moi, ces préparatifs, les sentiments qui semblaient animer chaque convive, à ce que j'avais vu jusque là dans la fashion : deux cœurs attirés, non par la fortune, le nom, les convenances, mais par une sympathie mutuelle, par cette affection vive et forte, qui fait dire : « Ton bonheur sera mon bonheur, tes douleurs seront les miennes. » Et dans cette figure virginale, je voyais un mélange indéfini de bonheur, d'appréhension, de peine, qui peint l'amitié, la séparation et l'approche de l'inconnu.

Dans la mère je lisais la faiblesse maternelle tout entière, oubliant avantages, position, fortune, tout, pour ne songer qu'à la perte d'une enfant qu'on a tendrement bercée dans ses bras, qui jamais jusqu'alors, n'a fait couler vos larmes. Le père, c'est l'homme fort se courbant devant la nécessité, le patriarche disant : « Allez, formez une nouvelle famille, élevez vos enfants dans l'amour du travail et la crainte de Dieu. »

Puis mes yeux s'obscurcirent, et je me sentis transporté bien loin, dans la capitale, au centre d'un salon magnifique, orné pour la circonstance qui se prépare. La maîtresse de la maison marie sa fille ; la jeune fille est avec son fiancé, richement parée, fière de sa beauté et du titre de son futur époux ; ses amies l'entourent ; on la complimente sur sa toilette, sur sa corbeille de noce, qui paraît l'occuper plus que toute autre chose. Elle sourit, elle est gracieuse, elle paraît heureuse, et son cœur est gros de larmes ou gonflé d'orgueil. La mère est ravissante ; elle est la reine de la fête : marier sa fille, avoir pour gendre l'homme du jour, éclipser son amie adorée, quelle jouissance ! quel triomphe !... Le père calcule ; le fiancé ne voit que sa future, l'héroïne des salons, la plus jolie tête de France ? Puis les suites, les années qui suivent, tout cela si triste, que secouant la tête, je revins à la réalité, et souris en regardant Mimi qui, depuis cinq minutes, m'observait ; elle aussi avait pensé, mais dans son âme candide et

ignorante , quel oiseau , quelle fleur avait
passé ?

Nous arrivons : tout se passe à l'église et
à la mairie comme je l'avais prévu, avec
calme et recueillement.

Au retour, on est plus gai; la réalité se
fait jour, on se sourit, on s'anime, et la soirée est charmante. A minuit, les nouveaux
époux se retirent dans leur appartement,
mangent la soupe traditionnelle, symbole
des amertumes et des douceurs de leur
nouvelle existence, puis tout rentre dans
l'ordre.

IX

MON CIEL SE VOILE

Depuis quelques jours, le temps se met à la pluie. De gros nuages, précurseurs de l'orage, encadrent l'horizon d'une sombre ceinture ; de temps à autre, un éclair sillonne la nue et nous fait présager l'automne; les arbres se dépouillent de leurs feuilles; déjà je les froisse en marchant dans l'allée. Octobre arrive avec ses longues matinées et ses soirées courtes et froides. J'ai renoncé au lever du soleil ; mes membres, engourdis par la légère fraicheur que mes fenêtres entr'ouvertes laissent pénétrer dans ma chambre, semblent me refuser leur service ; et fermant doucement les yeux, je jouis d'une douce somnolence, heure chérie de ma journée.

Mon imagination, exaltée comme l'est toujours celle d'un être à jeun, vogue, voltige, que sais-je ? engendre mille fantômes charmants, mille doux rêves, qui me font entr'ouvrir les lèvres, épanouies par un fin sourire ; car mon esprit caustique et mystérieux me suggère des pointes fines, des jeux de mots, de drôles de choses, dont je me récrée tout en dormant. Quelquefois mon esprit s'égare, je le ramène alors à la saine raison, et si parfois la folle du logis devient trop mutine, je me dresse et suis sur pied.

Alors je m'habille avec vivacité ; on dirait que je lutte contre un funeste mirage. Mais mon esprit s'apaise, et nous partons de nouveau d'accord chez mes propriétai-

res, avec lesquelles je suis au mieux aujour-
d'hui. Mimi prend mon bras en sautillant, et
nous allons bras dessus, bras dessous, babil-
lant, riant, nous évertuant à l'aise. Je cours
après elle ; je cueille pour ses petites dents
les plus hautes noisettes de la futaie ; elle
s'extasie de mon adresse, et ses petites
louanges me causent parfois un certain plaisir ; car c'est en vain que l'homme travaille
à vaincre son amour-propre : telle nous semble endormie, qui se réveille plus vive que
jamais après une légère attaque.

Ces jeux, ces ris me font un bien infini ;
mais bientôt, hélas ! tout cela va finir. N'ai-
je pas raison de gémir, petites feuilles,
lorsque je vous regarde, gisant tristement
sur le sol ? Tout le monde n'est pas philoso-
phe, tout le monde n'a pas la sagesse ou
peut-être la folie de vivre en ermite. Hélas !
folie ou sagesse, mes voisines me deviennent chères. Ne m'ennuierai-je pas tout

seul ? L'homme sait-il ce qui lui est bon ?
J'appréhendais, il y a quelques jours, l'arrivée de ces hôtes. Je regrette aujourd'hui leur départ ! Oh ! mon esprit, quand donc serez-vous satisfait ?

X

LES ADIEUX

Enfin, j'en ai pris mon parti! Elles partent, je reste seul.

J'ai été aujourd'hui leur faire mes adieux ; il m'en a bien coûté ! Averti par Mimi, je ne pouvais manquer de m'y rendre.

Nous avons récapitulé ensemble les événements qui se sont écoulés depuis mon séjour ici : le mariage de Baptiste, les progrès de Mimi dans le dessin, nos bonnes soirées, que sais-je ? Mes vieilles amies me considèrent presque comme des leurs, et leur intimité, pleine de réserve, m'a fait un

bien inouï : le calme s'est établi en moi, y
a fait sa demeure, et il a été le baume
dont j'avais besoin. En nous serrant la main,
ma voix s'est presque voilée. Faut-il que j'aie
en moi un cœur de femme ? Et l'adieu.....
de Mimi m'a laissé muet. Les tantes étaient
attendries : pauvres femmes! elles me plai-
gnent. L'enfant était triste, et deux petites
larmes que j'aperçus en l'embrassant, au-
raient arrosé mes joues, si je ne m'étais
aussitôt redressé. Saluant ces dames, je suis
sorti avec un empressement, peut-être peu
aristocratique. Me voilà seul, la dernière
persienne s'est fermée, la robe de Mimi
vient de disparaître à travers les dernières
vignes. C'est à peine si je distingue encore
la voix du fermier qui conduit l'âne, portant
les bagages.

Les voilà loin !... Je suis seul !...

XI

SEUL

Ma nuit a été mauvaise, mon sommeil agité ; vingt fois j'ai été sur le point de me laisser tomber dans un précipice. Ah ciel ! qu'est-ce donc que cet abime sans fond, ce précipice qui voulait m'engloutir dans son sein ?

Je suis rêveur, je suis abattu. Baptiste, qui essuie ses yeux du coin de son tablier, m'irrite. Eh bien ! elles sont parties, suis-je sur le point de lui dire cent fois. Tant mieux, que vous importe le monde ? N'est-ce pas toujours comme cela ? Mais les pa-

roles aimables de mes propriétaires me re-
viennent, je crois voir reluire sous sa cape-
line les regards si doux de Mimi. Je suis
triste, et je m'en hais, je sors pour me dis-
traire et pour retrouver le calme.

Souvent je suis effrayé de l'exaltation de
ma pensée, de la sauvegerie de mon être,
je suis seul et je suis heureux ; j'ai quitté
ceux que j'aime et j'en suis aise. O mon
Dieu ! auriez-vous créé un être pour tor-
turer son esprit et empoisonner son existence ? Non, je suis fou ; il faut qu'on me
ramène chez mes semblables ; il faut que je
me mêle de nouveau à la comédie humaine,
que j'y joue mon rôle jusqu'à la fin et que
je meure, las d'avoir tant vécu ! O nature
sauvage ! rocs dépouillés, feuilles mortes,
arbres sans ombrage ! consolez-moi : ne
voyez-vous pas que je suis le plus malheureux des hommes, l'être rejeté de la société,
l'esprit qui ne sait plus souffrir ?

Il faut que je reprenne mes travaux, que
j'annote, que je classe, que je compose, que
je lise, que je m'occupe enfin. J'ai trois
tableaux à achever, trois tableaux que la
main enfantine de Mimi a touchés, qu'elle
a admirés, et que je dois terminer pour elle.
Elle grandira, cette enfant ; elle sera heureuse, je le veux, et ces paysages devront
offrir à ses yeux innocents l'aspect d'une
nature tranquille, d'un air calme, d'un ciel
serein. Je les achèverai avant tout le reste ;
ils feront ce qu'elle ne peut plus faire, ils me
calmeront.

Je le sens, leur influence bienfaisante
agit sur moi. Ce bon chien à l'œil vigilant,
cette vache aux regards doux et mélanco-
liques me soulagent ; ma main docile passe
et repasse sur eux. Berger fidèle, je couve
des yeux ces belles génisses, je caresse et
flatte ces blancs moutons ; leur toison me
semble légère, j'y ajoute ; le gazon n'est pas

assez touffu, je l'épaissis. Je pense à leur bien-être, je fais verser sur eux les derniers rayons d'un soleil d'automne ; leur enclos est grand, les ombrages sont nombreux ; mes pasteurs ont l'air heureux, ils tricotent : douce occupation. Que ne puis-je y trouver mon compte ! Ma bergère au jupon court et éclatant ne tient point une houlette enrubannée, mais un bâton de jonc arrondi et flexible. En un mot, tout est si simple, que j'entre parfois dans une douce extase.

Mais Baptiste vient m'en tirer. Depuis que le voilà marié, ce garçon est insupportable. Suzette le mène à sa guise, et mon Baptiste est moins à moi qu'à sa femme. C'est son devoir, j'en conviens ; mais quelle absurde idée de se donner un maître ! De quel nom que se décore cet esclavage, il n'en est pas moins un ! Je veux être libre... libre sans le bonheur... Tant pis ! Je veux être libre.

XII

BAPTISTE EST PÈRE

Baptiste est père. Cette nouvelle est venue surprendre mon réveil. Un gros enfant joufflu dort à côté de Suzette. Mon pauvre garçon, agenouillé au pied du lit, contemple, le regard attendri, le front radieux, l'enfant auquel il a donné l'être. La mère, douce et calme, les embrasse des yeux, et moi, je regarde, tout ému, ce tableau auquel j'ai fourni l'élément.

Providence divine ! vous que j'ai en vain implorée, auriez-vous des grâces seulement pour les simples ? L'homme intelligent, celui qui cherche à sonder vos mystères, à analyser vos secrets, serait-il le seul sur lequel vous ne jetiez pas un regard d'amour ? Près de ce berceau, près de ce père, je sens que vous existez ; qu'il est des joies ineffables dont vous réservez les effets aux pauvres d'esprit, aux humbles, aux petits, à ceux qui espèrent en vous, qui croient en vous, qui vous implorent, qui voient votre main bienfaisante dans tous les évènements de cette vie, et non à ceux qui attribuent vos œuvres à un hasard plus ou moins heureux, à des coïncidences, filles du hasard.

Oh ! donnez-moi votre foi, gens simples ; donnez-moi votre confiance, gens peu éclairés, et je jouirai, et je connaîtrai, Seigneur, vos trésors de bonheur, vos mines inépuisables de grâces.

J'ai pris cet enfant dans mes bras, mais je l'ai reposé aussitôt ; car des cris aigus s'étant fait entendre, Baptiste m'a regardé presque en fureur, et je lui ai rendu le petit être, qui ne connaît, pour le moment, que celle qui lui fournit sa subsistance.

Il s'agit maintenant de trouver un nom. Malgré les prétentions de Baptiste, je lui ai fait entendre que l'enfant devait s'appeler comme son grand-père, et j'ai accepté d'être le parrain, avec la bonne grand'mère pour marraine.

Jean sera donc son nom; le baptême se fera dans trois jours. En attendant, je tâche de fermer l'oreille aux cris de l'enfant, et je persuade sans peine à Baptiste que, les portes bien closes, je n'entends nullement les pleurs de son fils. Quant à lui, le pauvre homme, il est jour et nuit sur pied, et cela avec un air si joyeux, si satisfait, que je ne puis m'empêcher de l'en croire heureux.

XIII

CE QUE JE FAIS PARFOIS

Le baptême a été beau, à ce qu'en disent
les paysans ; les invités étaient nombreux,
les dragées largement distribuées. Suzette
et Baptiste ont été les héros de la fête, ils
en étaient étourdis et gonflés d'orgueil.
Leur reconnaissance envers moi paraît sans
bornes, et je suis obligé de me sauver pour
ne pas tomber sous la grêle de leurs remer-
cîments.

Je commence à m'ennuyer néanmoins,
mais je ne puis me l'avouer, et je travaille
de plus belle. Malgré moi, je plonge quel-

quefois les yeux sur la propriété de mon
voisin, qui a chez lui la société la plus
aristocratique de la ville; et j'assiste parfois,
spectateur invisible, à leurs réunions, dans
un cercle formé devant leur chalet. J'y vois
des jeunes gens empressés, de jeunes femmes grimaçantes, de jeunes filles aux allures
un peu masculines, aux éclats de rire
bruyants et affectés. Je crois assister à
une de ces comédies de salons, et je suis
toujours sur le point de m'écrier : baissez la
toile. Mais j'ai besoin de venir de nouveau
dégoûter mon esprit de ces scènes qu'il se
prend à oublier.

Ce sont de bonnes leçons, car les salons
où j'ai paradé comme tout autre, sans em-
phase et sans prétention, je l'avoue, me re-
viennent et je me rapatrie avec ma vie de
solitaire. Alors, je quitte mon poste, et je
vais tranquillement m'allonger à l'ombre
d'un frêne, et, sortant mon livre de ma

poche, je me plonge dans une lecture très-instructive, du reste. Je lis l'*Emile*, de Jean-Jacques, et, passant sur les erreurs de ce grand homme, surtout en fait d'éducation, je commente les vérités qui pourront me servir dans le plan d'éducation que je cherche pour mon filleul.

Je suis garçon. Bientôt peut-être m'honorerai-je du titre de célibataire, que je n'ai cependant pas encore osé arborer, car mon cœur, je le connais trop, ne peut répondre de lui-même, et je suis ici pour empêcher l'étincelle de l'embraser ; car alors, je le sais par expérience, je serais le plus malheureux des hommes.

Donc, j'étudie l'*Emile*. Je suis avec beaucoup de plaisir le développement de cet être imaginaire. Il eût été à désirer que l'expérience eût fait retrancher à Jean-Jacques beaucoup de son système ; mais, plus heureux que lui, je le mettrai en pratique, et je le rectifierai quand j'en croirai le cas nécessaire.

D'abord, Suzette élève son enfant ; je suis l'ami du père. Bref, tous les éléments sont là.

XIV

LE MOMENT PRÉSENT

Grande joie : j'ai eu des nouvelles de mes propriétaires. Les arbres bourgeonnent, le blé sort de terre et forme déjà un gazon assez épais. J'entends de bonne heure la bêche du laboureur. Le passereau voltige dans les champs ; la grise hirondelle n'a pas encore paru, mais tout fait présager sa venue. Jean pleure un peu moins et se laisse plus caresser ; Baptiste devient plus abordable et s'est fait à son bonheur ; Suzette est toujours accorte et proprette ; enfin, tout va bien chez moi, jusqu'à mon esprit, vivement occupé des progrès journaliers de la campagne.

Les pêchers qui sont sous mes fenêtres, commencent à montrer leurs pétales roses; les amandiers sont en fleurs, le veau se vautre dans les champs. Je suis heureux. Ma journée se passe au grand air. J'ai complètement abandonné mon coin du feu. Baptiste, par précaution, dit-il, le rallume; je laisse faire, je vois bien que petit Jean joue là-dedans son rôle. Mon système d'éducation lui fait peur. L'enfant, assez légèrement vêtu, lui paraît grelotter; je tâche de lui expliquer l'action bienfaisante du froid, il a sa marotte. J'ai cru le voir s'évanouir lorsque, devant moi, j'ai fait plonger l'enfant dans un grand bain presque froid. Le moindre bobo l'effraie; que sera-ce lorsque l'enfant fera ses dents? Enfin, mon pauvre garçon n'a pas le courage d'être un père raisonnable. L'aurais-je été?

XV

LEUR RETOUR

Enfin, mes propriétaires sont de retour. J'ai été ce matin à leur rencontre. Mimi m'a aperçu de loin, et d'un bond a été près de moi. Je l'ai trouvée grandie et embellie, ses tantes toujours aussi bonnes. J'ai conduit ces dames jusque chez elles, et je les ai laissées s'installer. Mimi m'a bientôt rejoint; elle a tant de choses, dit-elle, à me dire. D'abord elle veut revoir la campagne avec moi; elle tient beaucoup à savoir s'il s'est fait des changements pendant son absence; ensuite, elle me montrera son album,

ses canaris, les beaux pieds de pensées
qu'on lui a donnés et que je lui aiderai à
transplanter. En un mot, elle me prend pour
son camarade, et compte sur mon aide pour
assujettir une nouvelle balançoire à l'olivier
qui est devant leur maison. Je la laisse
dire; elle parle, du reste, avec une volubi-
lité qui ne me donne pas le temps de l'inter-
rompre.

Notre promenade est très-agréable. Mimi,
suspendue à mon bras, me raconte, observe,
me quitte pour examiner une plante nouvelle, reprend son récit. Son babil commence à m'étourdir, et je lui demande si
parmi les talents qu'on lui a inculqués à la
ville, on ne lui a pas appris celui de se taire.
Elle me regarde courroucée, et me menace
de me laisser là si je la taquine. Je me tais,
et pense que cette exubérance de paroles
vient de sa joie. Nous nous asseyons enfin
dans le petit vallon, où nous venions l'été

dernier dessiner sous un chêne ; nous reprenons notre place.

— Eh bien ! lui dis-je, vous vous êtes donc bien amusée cet hiver ?

— Oh ! ne m'en parlez pas, me dit-elle, je me suis fameusement ennuyée. Figurez-vous que mes tantes ne veulent me laisser fréquenter personne, et je n'ai pour toutes distractions que mes livres, mes cahiers, mes oiseaux. Mes anciennes petites amies étant parties, on ne veut pas que j'en fasse de nouvelles.

— Vos tantes ont peut-être raison, Mimi : ces jeunes filles que vous ne connaissez pas, ne sont sans doute pas bien élevées, et vous y perdriez beaucoup.

— Croyez-vous? dit-elle. Elles me semblent pourtant si aimables ! Je ne les ai vues qu'une fois, elles ont été très-bonnes pour moi.

— N'en croyez rien, mon enfant, vous ne

connaissez pas le monde : combien les figu-
res et les manières y sont trompeuses ! Mimi,
ne vous fiez qu'à vos tantes.

— Eh bien ! Monsieur Démétrius, voyez
combien je suis méchante : voilà ce qui a
fait que j'ai été malheureuse pendant tout
mon hiver. Je ne veux plus y penser, vous
m'aiderez, n'est-ce pas, à être sage ?

Là-dessus, elle se leva. Elle s'était sou-
lagée : son plus gros chagrin, elle venait de
le partager avec moi. Elle me demandait
des conseils, et je me promis d'éclairer cette
jeune âme, et de la diriger au bien de tout
mon pouvoir.

Je me dressai aussi.

Mimi me demanda instamment si elle
pouvait aller voir petit Jean, qu'on ne lui
avait point encore montré. L'enfant dor-
mait ; l'adolescente déposa sur son front un
léger baiser, caressa sa petite tête blonde,
et marchant sur la pointe des pieds, elle vint

me rendre compte de ses observations.
L'heure du dîner étant proche, je la ramenai chez elle, et je pris pour m'en revenir
chez moi le chemin le plus long.

Je me sentais oppressé : la peine de Mimi
m'occupait. Quoi ! pauvre petite, elle que
j'aurais voulu voir si heureuse ne l'était
pas, parce qu'elle ne pouvait voir cette société que j'abhorre, parce qu'elle s'était
laissé prendre à ces airs doucereux, à ces
manières trompeuses. Voilà ce qui lui pesait,
me disais-je, voilà ce qui faisait que je ne
reconnaissais plus ma Mimi d'autrefois. Et
une fervente prière s'éleva de mon cœur vers
l'éternelle Vérité. Je lui demandai de préserver mon enfant, de garder mon enfant,
de ne pas la laisser tomber dans le piège,
et surtout de ne pas se plaire au piège.

Je rentrai chez moi l'âme triste, et cette
journée qui avait commencé avec de si
douces espérances, s'acheva dans le chagrin.

XVI

NOUVEL ÉTÉ

J'ai besoin de revoir Mimi, de parler à ce jeune cœur, de me faire l'instituteur de cette jeune âme. Elle va venir, je l'espère, ou plutôt c'est à moi d'y aller, mais j'attends que ces dames se soient remises de leur voyage. Baptiste est charmé des changements opérés en Mimi ; il ne voit que l'extérieur. Hélas ! je crois que je préfère ma Mimi d'autrefois...

Non, je me suis trompé ! l'enfant est la même ; je l'ai revue, nous avons parlé comme l'an dernier. Les tantes se félicitent de sa conduite ; le gros chagrin n'a pas été confié, elle craignait de leur faire de la peine. J'ai embrassé Mimi de contentement. Chose bien rare, l'enfant a compris ce que signifiait ce baiser, et ses yeux m'ont montré sa reconnaissance. Je suis heureux, j'ai repris nos leçons ; nous devons demain, en l'honneur du retour, donner une fête champêtre. C'est l'habitude qu'ont établie les parents de nos vieilles demoiselles, et elles se font un devoir de la continuer.

Je suis encore las de ma journée d'hier ; il a fallu me mêler aux jeux ; j'ai cependant refusé de danser. Mimi m'en a en vain supplié, elle a dû se contenter des bras des robustes fermiers, qui mieux que je n'eusse su le faire, l'ont fait sauter, tourbillonner à son gré. Elle a fait, avec une grâce parfaite, les honneurs de cette petite fête. J'admire sa simplicité, sa familiarité pleine de réserve avec les paysans, sa gaité et son entrain dans les jeux où elle entraîne toute la bande des enfants d'alentour. Elle les connaît tous par leurs noms, les interroge avec un intérêt tout fraternel sur les progrès, les événements qui sont survenus pendant son absence. Tous l'adorent et la couvent des yeux.

Grâce à mon heureuse mémoire, je connais aujourd'hui le patois de ce pays, et je puis quelquefois juger par moi-même de l'opinion publique sur mon compte : — « C'est un original, dit l'un; c'est un fou, dit l'autre; c'est un jeune homme qui a un grand chagrin, se prend à dire le plus avisé. » Je souris de toutes ces hypothèses, et je me demande moi-même, à certains instants, laquelle d'entre elles est la vraie.

Je n'ai pu revoir Mimi depuis deux jours;

je ne sais quelle cause l'a empêchée de venir
prendre sa leçon de dessin ; il faut que j'aille
la voir.

Mimi est malade. Quand je me présentai
chez elle, la bonne m'aborda, les yeux rouges, la figure bouleversée. Les tantes, plus
calmes, m'apprirent que Mimi avait une
forte fièvre qui avait été accompagnée de
délire durant la nuit. L'accès s'était un peu
calmé, mais elle était encore brûlante. Sur
la permission d'entrer, je pénétrai dans sa
petite chambre et j'aperçus, allongée dans
son petit lit, notre pauvre enfant. Quelle
était changée ! Ses yeux, égarés par le délire, conservaient une fixité effrayante ; sa
figure, empourprée par la fièvre, était éti-
rée. Elle tourna vers moi ses regards et me
tendit les mains. Je les saisis et m'assis
auprès d'elle. Les tantes, après m'avoir ex-
pliqué la soudaineté de ce mal, me laissè-
rent pour encourager l'enfant. Dès qu'elles

furent parties, Mimi me dit : — « Oh! que vous êtes bon d'être venu! Je ne croyais plus vous revoir. J'ai été bien mal cette nuit, mais je ne m'en souviens plus. Je suis encore bien malade, n'est-ce pas? Mes mains et ma tête sont en feu et j'ai toujours soif. Oh! comme j'ai peur de mourir!

— Allons, enfant, que vous passe-t-il par la tête? Ne voyez-vous pas que vous avez une fièvre de croissance? Dans quelques jours vous serez guérie.

— Le croyez-vous? me dit-elle en me regardant d'un air scrutateur; c'est que j'ai bien peur de mourir. Oh! que cela doit être triste! quitter le monde! ne plus voir ceux qu'on aime! c'est affreux.

— Vous ne mourrez pas, je vous le promets; prenez seulement, avec beaucoup de sagesse, tout ce qu'on veut vous donner, et je réponds de votre guérison. Mais maintenant, en attendant que vous puissiez vous lever, car cette fièvre vous a affaiblie, que deviennent vos oiseaux et votre jardin ?

Et je la ramenai à me parler de tout ce qui l'intéresse, et à former avec elle des projets capables de tenir cette petite imagination loin du triste sujet qui l'occupait.

J'y suis retourné ce soir. Elle va mieux ; elle a souri, s'est amusée avec moi, et toute trace de frayeur a disparu.

Mimi est triste ; on prépare son trousseau pour la pension. Il a été décidé, avant même de revenir ici, qu'en octobre, notre chère petite entrerait interne dans un de nos meilleurs pensionnats de Paris. Ce projet avait soulevé de la part de l'enfant un terrible orage, si terrible que la question n'avait plus été agitée jusqu'aujourd'hui, avant-veille de leur nouveau départ pour la ville. Mimi ne veut rien entendre, et je l'ai vue

dans un état qui contraste étrangement avec
sa douceur habituelle.

J'étais présent lorsqu'on lui a annoncé
cette nouvelle. Elle a d'abord fortement
pâli ; elle a imploré sa tante de la garder
auprès d'elle ; elle enlaçait son cou de ses
deux bras caressants ; mais la vieille demoiselle a tenu ferme.

Alors Mimi s'est roulée à terre, a frappé
du pied, a pleuré ; et la figure en fureur,
l'œil étincelant, elle est sortie de la chambre. Nous l'avons entendue : ses cris fen-
daient l'âme. La pauvre tante était livide.

— Monsieur, m'a-t-elle dit, que dois-je
faire ?

— Mademoiselle, lui ai-je répondu, votre
devoir.

— Oh ! oui ; il faut qu'elle aille en pension, j'en sens la nécessité. Il y a longtemps
que j'aurais dû prendre cette résolution ;
mais il me coûtait de me séparer de cette

enfant. C'est une nature fière , mais si bonne, si dévouée!

Pendant ce temps, l'orage s'était apaisé ; on entendait encore, à travers les cloisons, de gros soupirs prolongés, des sanglots convulsifs et qu'on tâchait de modérer ; puis rien. Je voulus partir , on me retint. « Aidez-moi, me dit la tante, sans vous je faiblirais. » Nous nous taisions et écoutions encore. Mais le silence durait toujours. Enfin, la porte s'ouvrit et Mimi, toute rougissante, mais ferme et décidée, s'avança vers sa tante, posa un genou à terre et lui demanda pardon.

Jamais je n'oublierai ce pardon, ce ton doux, caressant, comme quelqu'un qui implore , mais avec cette voix ferme et ce regard suppliant et fier qui s'humilie par raison, par affection, et non par faiblesse.

La tante était attendrie ; elle embrassa l'enfant. Mimi se releva, et son regard ayant

rencontré le mien, elle baissa les yeux.
Je la quittai.

Le lendemain, je leur fis mes adieux.
Pardon et merci furent les dernières paroles de Mimi. Durant deux ans, je ne de-
vais plus la revoir.

XVII

COMMENT JE TUE MON TEMPS

Je suis très occupé. Depuis quelques jours, j'ai entrepris un ouvrage de littérature qui, je pense, répondra assez à ce qu'on doit apprendre de cette matière à une jeune fille. C'est l'exposé, ou plutôt la biographie de chaque écrivain célèbre, contenant la vie avec les faits, les anecdotes qui peuvent graver le nom et caractériser l'homme dans un jeune cœur, accompagné des meilleurs passages de ses œuvres et l'analyse d'une d'elles, dans le genre où il a excellé.

Je compte dédier cet ouvrage à ma jeune

amie. Je ferai ensuite une petite astronomie élémentaire et amusante pour mon petit filleul. Je parlerai beaucoup des étoiles qu'il peut découvrir de mon observatoire, surtout dans le sens de la vie pratique. Je veux que cet enfant, élevé au grand air, puisse de bonne heure lever les yeux au ciel et les y reposer avec bonheur, redisant dans son jeune esprit tout ce qu'il aura appris par ma bouche, mon livre ne devant lui servir que de répétiteur.

Si l'on pouvait ne donner aux enfants que des leçons orales, non d'une manière sèche et ennuyeuse, mais avec vivacité, en tenant leur petit esprit en haleine, en faisant passer dans leur imagination le tableau qu'on leur décrit, il n'y aurait point de paresseux.

Quel est l'enfant qui n'aime à entendre l'histoire de Barbe-Bleue ? Que vos leçons soient des contes, non par le fond, bien entendu, mais par la forme, et vous serez toujours écoutés, rarement peu compris, et vous laisserez, dans ces imaginations qui vous écoutent, des aliments à leurs pensées. L'instant où vous le laisserez seul sera celui qu'il emploiera pour se répéter à lui-même ou à sa poupée, si c'est une fille, la jolie histoire que vous lui aurez contée.

Mon petit Jean bégaie papa, maman, parrain : voilà les trois mots que ses petites lèvres font entendre.

XVIII

CE QUE JE N'AI PU OUBLIER

Je reprends mes causeries après deux années d'intervalle. Le temps m'a paru bien long ; mais en homme prudent et sage, je n'ai pas voulu raisonner avec mon ennui ; je m'en suis distrait, et les jours s'ajoutant aux jours, je suis enfin arrivé à l'époque si ardemment désirée : celle du retour de Mimi.

Je ne puis me le dissimuler, cette enfant a pris dans mon existence une place que rien n'a pu remplacer. Littérature, beaux-arts, poésie, arts mécaniques, rien n'a pu effacer de mon cœur l'empreinte de ce visage charmant, de cette âme simple et naïve. En vain j'ai voulu lutter, j'ai tâché de m'éloigner de cet endroit où je dois inévitablement la revoir et continuer à l'aimer. En vain j'ai cherché à décolorer son image, à lui enlever sa candeur, à la parer de la coquetterie inhérente à son sexe ! Aucun des défauts que je me suis plu à lui faire puiser au milieu de cette réunion d'enfants qu'on appelle une école, n'a pu me séparer d'elle.

Ses lettres qui arrivaient si régulièrement chez ses tantes, ce style enfantin et tendre, cette vive affection qu'elle m'a conservée, tout cela me remplissait de confusion, et je me suis pris à l'affectionner de plus belle. Enfin, je vais la revoir. Dieu veuille qu'elle n'ait pas changé !

XIX

MIMI A SEIZE ANS

Je l'ai revue, elle est toujours la même ;
mais c'est aujourd'hui presque une femme,
bien que sa figure ait conservé cet attrait
enfantin qui me l'eût fait reconnaitre. Ses
beaux yeux sont quelquefois rêveurs, ses jo-
lies lèvres sérieuses ; mais c'est toujours
Mimi, peut-être avec plus de tendresse sensible, avec plus de ces qualités féminines
qui font de la femme un être faible mais
charmant. Sa manière d'être avec moi est
la même, avec plus de réserve cependant :
elle ne court plus après moi, elle ne saisit

plus mon bras avec sa brusque vivacité ;
mais elle m'appelle, elle me consulte, et cela
avec une voix si douce, si suave, que cent
fois je suis prêt à lui avouer mon amour...
Non, cette enfant ne doit pas savoir que je
l'aime : ce serait mal à moi de m'imposer à
ce cœur généreux que mon malheur et ma
tristesse ont attiré. Je veux qu'elle con-
naisse le monde, qu'elle le goûte, qu'elle
cherche si, parmi la société qu'elle va fréquenter, il n'y aurait pas ce cœur ami, cette
âme sœur qu'on peut passer une vie sans
rencontrer.

Mimi va passer son hiver à Nice. J'ai peur!
La jeunesse est si frivole, si légère... Ah! mon
Dieu! si j'allais la perdre !... Mais non, cela
ne se peut : vous ne voudriez pas, Seigneur,
briser une seconde fois mon cœur !...

Je ne dors plus ; la nuit est bien longue
sans sommeil, bien terrible ; je crains de
vieillir à l'épreuve.

Mimi revient plus tôt que je ne l'avais espéré. Les fêtes ont été brillantes, les cavaliers n'ont pas manqué. Mimi en aurait-elle aimé un ? Je ne sais : elle est pensive, une vive rougeur colore par intervalle sa blanche figure ; sa main tremble souvent sous mon bras : mais qu'elle est belle ainsi, lorsque ses yeux brillent, lorsque sa bouche balbutie ! Oh ! que ne peut-elle être ma femme ! Mon Dieu, que je serais heureux !

Hélas ! ce que je craignais, Mimi m'évite ; son regard ne cherche plus le mien, mais se voile à mon approche ; elle ne m'appelle plus ; elle me fuit. Oh ! serait-ce possible ?

Mimi, que vous ai-je donc fait ? Je ne veux plus vous imposer ma présence : vous craignez que je ne lise dans votre pensée. Auriez-vous découvert mon amour ? Cette froideur serait-elle pour l'abattre ? Ah ! vous êtes cruelle. Que ne me faites-vous mourir !

J'hésite, je crains. Serait-ce possible ? Mimi m'aimerait-elle ? Non, je ne puis m'y méprendre ; la haine, le dédain ont d'autres dehors. Oh ! Mimi, vous m'aimez ! Mais votre cœur de reine a la pudeur de son sentiment. Vous me fuyez, parce que je vous attire ; vous détournez vos regards, parce qu'ils ne sauraient feindre ; vos lèvres sont muettes, parce qu'elles dévoileraient votre secret. O mon enfant ! ô ma femme ! ô mon ange ! je tremble de découvrir votre cœur.

XX

OU S'ÉVANOUISSENT MES DÉSIRS D'ERMITE

Après avoir quelque temps hésité, j'ai pris enfin une résolution, et hier j'ai vu Mlle Emma.

Cette bonne tante était seule, et lorsque je lui ai exposé l'objet de ma visite, elle a souri, j'ai été heureux.

Ma demande a été agréée, et mon union avec Mimi a eu lieu. Dans le bonheur j'ai enfin compris la mission de chaque être. Se perfectionner, tel est le but; mais pour y arriver, le dévouement est nécessaire, et comment l'exercer quand on ne vit que pour soi?

FIN.